JN408705

形 象 21

形 象 21

형상21시문학회 엔솔로지 · 제12집

조선문학사

■ 책머리에

외연과 내포의 합일을 통한 총체화 추구

시법을 알고 쓰는 시와 타성으로 쓰는 시의 차이는 크다. 시법은 공식이 아니라 새로운 방법을 의미하고, 타성은 도식화 내지 답습, 아니면 남 따라하는 기존의 방법에 의존하는 것을 의미한다.

形象 21 회원들은 시법을 알고 출발한다. 그것은 形象化라는 시법에의 의존을 의미한다. 언어로 빚어내는 외양, 혹은 존재화 등이 그것이다.

앞으로 形象 21은 사물이나 존재 뒤에 숨어있는 祕義와 같은 것들을 발견, 외연과 내포를 합일시키는 총체화에 관심하고자 한다.

이런 공동의 관심사에서 방법을 같이하면서 시의 편향성을 극복하고자 한다.

많은 관심과 성원을 기대한다.

2010 初冬

형상 21 시동인 일동

형상21 제12집 차례

동인시

초대시

박진환

■ 초대시

物神時代 · 368 외 4편

釣魚島 탐내다 쪽발이 쪽못쓰고
U17세계 여자축구 코리아에 져 코깨지고
쪽못쓰고 코깨진 쪽발이 손들어주다 오바마는 쪽팔리고

物神時代 · 369

9월 하순 설악에선 단풍소식인데 태안에선 때아닌 벚꽃만발
지난 여름 태풍때문이라는데 핀 벚꽃 길조 아니라며
풍우에 돌아버린 가슴들 멍든 가슴치며 하는 말 앵화도 돌았나봐

物神時代 · 370

미, 북한문제만은 한국정부 결정에 따르겠다던데
암, 한국문제는 한국정부 결정을 따라야제
그래야 동반자, 동격 아니던가, 코만 컸지 그걸 이제사 알다니

物神時代 · 371

선량들 금배지 플라스틱으로 만들어 달면 어떨지?
초록은 동색이라고 금만 보면 번쩍 뜨이는 눈
플라스틱에 매미 새겨 文, 淸, 廉, 儉, 信, 五德 일깨우면 어떨지

物神時代 · 372

가수 타블로 학력 진짜로 밝혀져도 네티즌들 의심에 불신
지혜 없는 자 의심이 많다는 말 대장경에 있는 경구거니
허긴, 미국이란 나라가 본디 且信且疑 양면성 지녀서

* 차신차의(且信且疑) : 믿음스럽기도 하고 의심스럽기도 할 때 쓰는 말.

풍시조

■ 김화자 시인편

기부 · 1 외 4편

세계 거부 1호 마이크로소프트사의 빌게이츠 회장
버커셔헤서웨이의 워런 버핏 회장 기부 약속 운동에 호응
미국 갑부 40명도 동참 선언, 이기에 눈먼 우리와는 달라도 영 달라

기부 · 2

호주의 CEO 이백 명도 지난 해 이어 노숙을 체험하며
우리돈 이십 일억을 모아 자선단체에 기부했다는데
그것도 있어야 하지 없으면 못해

기부 · 3

제약회사 유한양행 설립자 고 유일한 박사도
전 재산 사회에 환원 일찍이 더불어살기 실천으로 모범 1호
그런데 2호 3호는 언제 나올지 그게 궁금해서

기부 · 4

한국 100대 기업들이 가진 투자실탄 삼백 오십조 원에 달해
실탄 많으면 뭘해, 쏴야 빛도 되고 소금도 되지
쓰면 살되고 안쓰면 인분된다는 이치를 모르고들 있으니

기부 · 5

농경 군주들 물 잘 다스려 들판 적셨듯이
더불어살기 물줄기 풀면 마른 땅도 적셔내
함께 잘살기 옛 있고 오늘 있다, 헌데 그걸 모르니 답답해서

■ 이다경 시인편

부부젤라 외 1편

기차화통 삶아먹은 소리를 내며 싸우면서도
자블라니 버겁고 老차니 산세월 아쉬워 이러지도 저러지도 못해
악마뿔 고막만 괴롭히는 그 부부 그래도 젤라

시간강사

후학을 위해 마음도 학문도 모두 팔았건만
손에 쥔 것은 실의와 좌절뿐!
보따리 장사꾼에서 교수심복노예로 추락한 서러운 시간강사

■ 이소희 시인편

백기를 꽂았다 외 4편

한국축구사를 새로 쓴 17세 당찬 태극소녀들 앞에
패하여 무릎 꿇은 일본
축구영토분쟁에서 백기를 꽂았다

칭찬의 묘약

칭찬을 하면 고래도 춤을 춘다는데
온 나라 안에 우리 낭자들 칭찬 자자하더니
,신의 장난, 이라는 승부차기까지도 잘해내고 말았제

귀여운 내 새끼들!

꽃다운 17살 우리 아이들
여자축구월드컵에서 사상 첫 우승컵을 차지했어
아이쿠 귀여운 내 새끼들, 진짜 명품녀들일세

출산장려

얼마 전 고관대작 공주님들 특채 때문에 시끌시끌했다
저출산자들이여 취업난, 학업난, 걱정말고 많이 낳아보소
그래도 혹시 알아요? 명품녀 될지

밥은 나누어 먹는 것

밥은 나누어먹는 것이라고 어느 시인이 말했다
대북 수해 지원 쌀 5000톤이 군산항을 출항 한단다
먼저 간 밀가루 구호품들 긴급구호 나선다, 이겨나가요!

■ 임유행 시인편

숨통을 조이다 외 4편

여차하면 숨통을 조여라, 사돈네 팔촌까지
털어서 먼지 안 나는 놈 있나, 미국이 북한에 하는 식인데
배워서 남 먼저 써먹기는 총리실이네

힐러리와 첼시

클린턴의 딸 첼시양이 600만불 짜리 호화판 결혼식을 했다는데
클린턴은 힐러리의 선거 빚을 갚느라 동분서주라니
과연 미국식 자본주의 맞습니까?

국가의 체면

천안함 사건을 국제무대에 끌고 가서 국가의 체면을 구겨놓은
외무장관께서 자기들 편을 들지 않는 젊은이들이
국격을 떨어뜨린다니 적반하장이 아닙니까?

합동훈련과 해안포

서해 합동군사 훈련이 끝나는 날 북이 연평도와 백령도 쪽에
해안포를 쏘았는데, 합참본부가 무선 경고방송을 했다고
귀는 막고 입만 열렸으니 세상이 시끄럽지요

미끄럼틀 사회

한번 미끄러지면 끝까지 추락하고 마는, 그러나 그 미끄럼틀이라도
한번 올라타기 위해 안간힘을 쓰는 취업 준비생들, 그 누구도
일자리 공포로부터 자유로울 수 없는 400만 실업자 사회

■ 정광진 시인편

의도된 실수 외 4편

선수도
심판도 관중도
축구공 같은 사람한테 영락없이 당했다

호루라기 같은 사람

월드컵 이때만 되면
호루라기 그녀석이 마술을 부린다
눈뜬 봉사로 만드는 기술로

무생물의 위력

자블라니라는 무생물이
살아 있는 생물들을
둥글게 굴리듯이 원 없이 돌리고 있네

아이들의 성장인가

성장통 있는 사람 손들어보아라
여와야 모두가 손을 든다
아픈 만큼 크고 성장한다고 하니 양손비비는 엄살이 심하다

박힌 돌을 굴러온 돌이 빼 낼 때

유독, 여의도에서는 굴러온 돌이 밝힌 돌을 쳐내는 기술이 잘 통해
안 빼려고 하는 만큼
더 잘 빠지는 묘한 수란 말이야

■ 정순자 시인편

그러더라는데 외 4편

백령도에 대해 사과 하라더라는데
연평도에 대해 알리지도 않았다 하더라는데
듣지도 않으며 써서 말하기만 좋아하나 보더라는데

눈·3

하얀 민들레 홀씨가 훨훨 날아왔다 산에도 들에도 나무에도
상처투성이 산들도 동네의 회오리 민심도 왈가왈부 국회도
백년 만에 일척이나 쌓인 하얀 꽃밭엔 모두가 하얀 마음

우리 아기

엄마 아빠 버지 머니
뒤집고 기고 걷고 뛰고 세발자전거 페달 밟고
예쁜 우리 아긴 멍멍 짹짹 냠냠 꽃 눈 됐다 아냐도 할 수 있어

터널

한 모퉁이에 한 아이가 마치 둥근 계란처럼 웅크리고 앉아있다
그 그림을 보는 순간 가시가 내 심장을 찔렀다
그의 연두색 상추 잎 작품으로 머리가 신선한 치유를 받았다

피라칸사

우리 집 정원에 목 백일홍 백송과 친구인 피라칸사
여름엔 좁살 알 흰 꽃이 겨울엔 벌떼처럼 빨강 열매가 매달려
겨우내 짹짹짹 열매 따던 새들 다 따먹고는 얼씬도 하지 않는다

■ 추영주 시인편

20대의 고민 외 4편

취업, 결혼, 돈
不安 때문에 오는 불황
더욱 겁나는 것은 가치관의 不在

사장님의 거짓말

연락할게
월급 많이 줄게
우리 가게는 정말 가족적이야

실직자의 불안감

내가 실패해도 세상은 돌아갈 것이고
아내는 여전히 나를 사랑할테지
우리집 개도 나를 물지 않겠죠

요즘 시대

욕은 끈끈한 타액 같은 것
저 웬수 나가 죽어라 해도 집 안나갔는데
요즘은 신주단지 모시듯 하건만 왜 나가 죽어?

2010401

옛날 만우절엔 가벼운 거짓말로 즐겼는데
요사인 하두 거짓말이 亂發하는 시대
천안함 문제로 가벼운 거짓말조차도 가슴 내려 앉어

동인시

■ 기세원 시인편

교통사고 외 6편

순식간의 일이었다
당연히 앞차가 갈 줄로만 알았다
그러나 따지고 보면 모두가 내 잘못이었다
안전하게 제어할 수 있는 거리가 충분치 못했고
근본적으로는 마음에 여유가 없었다

길을 가다 보면
내 마음에 들지 않게 가는 차들에게
눈을 흘기기도 했고
나보다 앞서서 가는 차들이
걸림돌이라고 생각되면
추월하기도 했다

늦었으므로 더 빨리 가야한다고 생각했다
그래서 앞뒤 돌아볼 겨를 없이
무조건 앞만 보고 달리면
그만큼

빨리 도달할 거라고 믿었다

그래서 막상
제 시간내에 목적지에 도착하면
무엇이 그리 달라졌더란 말인가
이젠 사회가 명령내린 습관처럼
앞 다퉈 가는 행렬 속에서
차는 망가지고
몸도 망가지고
그렇게 삶이 뒤틀어졌다고 해서
그리 뒤쳐진 것도 아님을 깨달았으니
이제는 마음에 여유를 갖고
늘 주위를 돌아보며 살 일이다

노인과 바다

등이 굽은 노인이
바다를 바라보고 있었다.

몇날 며칠 눈을 부라리며
거리를 압도하던 원색의 포스터들이
하루
또 하루
햇빛에 시나브로
하얗게 변색되어 말라버렸다

난 매일 그 곳을 지난다
그러면서도 그 아름다운 여주인공의 몸매와
남 주인공의 우람찬 근육이
죽어가고 있는 것을 알지 못했다

청춘의 절규가
묻혀있는 바닷가에서
백사장은

그 많은 꿈들을 얼마나 기억하고 있을까

뜨거운 태양과
밀물과 썰물로 매일매일 반복되며
허망하게 죽어 가던 꿈들과 사랑과
바다를 향해 절규하던 열망이
노인의 부석거리는 흰 머리칼처럼
썰물로 사라지고 있었다

때알

그대 언제 오시려나
밤새 동구 밖 발돋움하며
뜬눈으로 서성대던 밤

그대 언약 가슴에 품고
찬 가을 새벽바람
울려오는 풍경소리에
지친 무릎 일으키면
저민 꽃대궁위로
돋아난 그리움이여

비탈진 묵정 밭
그대 위해
등대처럼 밝혀둔
등불하나

* 때알 : "꽈리"의 사투리.

貧者의 여름

숲을 떠난 매미들이
모두 도시로 모여들어
목놓아 울어 대던 여름이었다

가을을 기다리다
하얗게 늙어 버린 옥수수 줄기가
빈 몸으로 누워 있는 비탈 밭에서
사랑을 빼앗기고
불륜을 꿈꾸었던 무당벌레가
감물며 염(殮)을 준비하는 여름이었다

흰 침대위에서
자꾸 드러나던 어깨뼈 감추며
씁쓸한 버찌향기를 지닌 입술로
-빈 몸으로 와서 빈 몸으로 가는 게 인생이라는데
사랑한 것이 죄가 되지는 않겠지요-
힘없이 두 손 잡을 때

소문에는
안락한 어둠을 찾는 바퀴벌레들이
에어컨 윙윙대는 냉방 속에서
남겨진 피자를 찾느라 정신없던 여름이었다

수박

뙤약볕 내리쬐는 밭에서
하루 종일 그을려도
달팽이처럼 바닥을 기며
그대 향해 한 뼘이라도 가까이하고 싶었다

휘영청 보름달 뜨는 밤이면
그리운 그대 생각에
잠을 못 이루고 뒤척일 때도
불러오는 배를 어루만지며
그대 그리움 삭여가며

우리 사랑의 결실
뱃속에서
잘 자라고 있으니
걱정하지 말라고
푸른 엽서도 띄웠다

멀리서 마른번개 치던

그 무덥던 여름
긴 장마와 함께 찾아온 그대
실수 없는 인생이 어디 있느냐며
쿨하게 살자고
벼린 낫처럼 휘두르던 혀와
격하게 어깨 흔들던 이별통보는
가슴을 내리치는 천둥이었다

홀로 흐느끼며
빈 방문을 열고 들어서는 밤
폭우에 깃털 모두 적신 어린 새처럼
너무 추워
덜덜덜
뼛속까지 스며드는 슬픔에도
그대가 보고 싶었다

뱃속의 피가 모두 얼어붙고
금간 가슴 속 구석구석

까맣게 멍이 들어도
무엇이 쿨한 이별인지 모른다

버림받은 이가 무슨 할 말 있으리
씨가 있어 태어나
풍성하게 맺어진 열매들이
식탁에서는
개밥에 도토리처럼
씨만 따로 버려지는 게 안타까워
흐릿한 손바닥에 올려놓고
한 없이 바라보았다

양치질

'에이 씨팔'
캄캄한 하늘향해 소리치며
돌아오던 만취한 밤
하루종일 가장하느라 냄새나던 입이
못견디게 근질거렸다

살기위해 꼭꼭 씹던 이를 청소하고
타인과 이웃을 향해 겨눴던 때 낀 혀를 닦아낸다

살다보면 어쩔 수 없다고
이제 그만 됐다고 위장이 목구멍에 삿대질한다
넌 가만히 있으라고
혀 끝 목젖까지 칫솔을 들이댔다
오늘 먹었던 냄새나는 것들을
이렇게라도 토해놔야 시원하기 때문이다
하루종일 먹었던 위선과 거짓들이 쏟아져 나온다
비로소 개운하게 잠을 잘 듯 하다

열대야

사랑없는 사랑이 난무하는
도시에서
더운 바람이 여자의 신음처럼 감쌌다

인공의 불빛을 먹고 자란 사람들의
거침없는 사랑의 언약

고독과 함께 뒹굴고 있다
뒤척이는 여름 밤의 나체

■ 김이남 시인편

가시방석 외 4편

바쁜 아침 숨차게 뛰어
버스에 오른다
겨우 하나 남은 자리
앉자마자
안도의 숨을 쉰다

다음 정거장
머리가 하얀 두 노인
학생과 젊은 사람 앞자리에 선다
차가 흔들릴 때마다
두 노인이 비틀거린다

출렁거림의 속도만큼이나
스승의 가르침이 가시가 되어
나를 찌른다

시큰거리는 무릎이
일어서려는 나를 끌어 앉힌다

겨울바다

어릴 땐
세상모르고
천방지축 강아지처럼 뛰어 다녔다

도시로 유학을 간 나는
눈부신 세상이 다 내 것이었다
단비소리에 뛰어나간 농부 같이
벅찬 마음 세상을 품고
나는 꿈을 꾸었다

하지만 날개는 사라지고
철조망으로 둘러싸여
한 발자국도 옮기지 못 할 때가 있었다

한 때는 힘차고 아름다워 보인 파도
감당하지 못한 질풍노도가 되어
나를 흔들었다

파도에 떠 밀려온 빈병 하나
그 위에
차가운 겨울비가 내린다

낡은 호미

이슬로 발목을 적시는 아침
이른 해의 이마에 땀방울이 맺혔다

칠순이 넘은 할머니들
밭고랑에 엎드려
고구마를 캔다

무성하고 새파란 순을
잡아당길 때마다
만삭이 된 고구마 줄줄이
칠팔 남매 새끼를 낳기 시작한다

십 여 남매를 낳고
밭두둑처럼 굽어버린
낡은 호미들이
온 밭에 널린 고구마를 보며
입이 벙글어진다

밭이랑 끝 밤나무
덩달아 알밤을 투욱 투욱
떨어뜨린다

보름달

친구야
무던히도 덥던 어느 여름 방학 기억나니

도시에서 공부하다 돌아온 친구들
넷이서 이웃 동네 원두막엘 갔던 일
우리는 우연히도 둘씩이었지
학교생활 이야기에 우리의 눈은 초롱초롱
휘영청 달은 밝아서 그림자를 앞세우고 걸었지
자정이 넘은 시각에 돌아오는 길에 우리의
발소리만 들렸지
그때 인기척이 들렸어
화들짝 놀라
우리는 약속이라도 한 듯
무덤가로 달려가 숨었지
마침 밝은 보름달이 구름 속으로
숨어주어서 안도의 한숨을 쉬었지
그때 동네 언니 오빠가 정분이 났다고
동네방네 입소문이 무성했던 때였지

그날 이후 내 마음속에 또 한 사람이 자리했어

친구야
저 보름달 보고 있니

내 첫 사랑처럼 환하게 웃고 있어

텃밭 농장

내 어릴 때 집에는
마음껏 뛰놀고 싶은 엄마 품처럼
넓은 텃밭이 있었다

엄마는 논밭으로 나가시고
늘 비어 있는 집

학교에서 오자마자 책가방을 던지고
텃밭으로 나갔다

딸기, 토마토, 오이, 가지, 고구마로
허기진 배를 채웠다
뒤란으로 돌아가면 벙그러진 무화과
잘 익은 연시가 기다리고 있었다

천방지축 뛰어다니던
어린시절 풍경화들이 차곡차곡
내 마음 속에 쌓여있다

그 시절이 그리울 때마다 꺼내보는
변함없는 그림들

쳐진 어깨에 김밥 몇 줄 물 한 병 메고
텃밭 대신 뒷산을 오른다

내 품안에서 뛰놀던 자녀들
이제는 가슴에만 남아 있다

■ 김정회 시인편

수종사* 외 4편

가파른 언덕길 오르고 또 올라
돌계단 위에서 숨 고르니
멀리 남한강과 북한강이 만나는
두물머리, 눈 아래 훤하다

18나한을 품은 바위틈에서 종소리 내며
떨어지는 물소리가 세상을 울리는가
너와 나의 만남이 필연을 지어내
안락한 곳에 둥지를 틀고 세상 내려다보며
범종소리로 삼라만상을 일깨운다

몇 세기동안 염불소리 들으며
묵묵히 몸을 불린 은행나무
성불하고도 남을 신심으로
떠도는 생로병사 다 품어 안을 넉넉함이다

두물머리에 새벽마다 물안개 피어오르는 것은

밤마다 울려퍼지는 종소리에
귀 기울이고 잠 못 이루어 나오는
나한의
아주 은밀하고도 깊은 숨이다

* 경기도 남양주의 운길산 중턱에 있는 절.

개미집

설친 잠결인가보다
내일 벌(罰)을 설 생각이
나를 깨운다

투명한 빈 병에
자연 숙제를 준비하면서
가는 모래 가득 채운
그때처럼
하루 끝 무렵이다

심연에서 퍼 올리는 기억의 한 자락으로
집지을 개미 다시 찾는데
어느새 내렸는지 창가를 적시며
가을비가 막아선다

지금도 어디선가 들려오는 개미 집 짓는 소리
잠 잃은 아파트 거실에서
유년을 손짓 한다

휴화산

너는
못다 푼 사연 가슴에 묻은 채
왜
긴 침묵 속에 잠겨 있느냐
끝내 삭이지 못한
내일 한 분노가
무수히
실금간 빈마음 틈새마다
뜨거운 용암으로 흐른다
얼마나 지나야
응어리진 그 속에 포효하며
다 터져 나올까
너의 깊은 한숨이 안개 되어
산허리를 맴 맴 돌다
빈 가슴으로 남는다

유월

초촉에 찍히는 渴愛의 마음
핏빛 흐벅지다
천지를 뒤흔드는 너의 모습에
내속 초연함 뒷걸음 치고
벌컥
쏟아 내는 숨겨진 열정
내 몸 드러내며 세상을 향한다

사랑은 없다며 소리 치던 내게
실체를 보여 주며
피 울음 우니
천년 묵은 내 얼음장 내벽이
서서히 온도를 높혀 간다

가시마저 녹여버릴 듯
눈부시다

세상사 트림하며

은하계 별무리 하나 둘 헤아리니
하얗게 된 가슴이 별빛으로 충만하고
가깝게 멀리 풀벌레들
천진난만하게 노래 합창 한다
은퇴한 동료와 막걸리 한잔 한잔에
세상 얘기 트림할라 치면

천국에 다녀와서 행복해졌다는,
의도했던 일은 꼭 성취했다는,
부부다툼 없이 지금까지 살았다는,
아프트에 손주녀석 방이 더 필요하다는,
핸디캡이 싱글인데 골프채 바꿔야 한다는,
용돈 타 쓰면서 술은 절대 먹지 않는다는,
세속의 일들 나부대며

별 보는 값도 술 값도 나몰라라 하는
공짜 즐기는 공짜인생 가득하다

■ 김화자 시인편

찬손 · 1 외 4편

디딤돌 없는 콘크리트 벽
마천루 향해
꿈과 현실을 차고 오르다

젊은 그들도
육천 마디에 항마가 범접하면
희나리되어 붙어 있다

눈짓만으로 청춘을 다스렸던
수뢰도 도리없어 와병을 도와
그림자로 동행이다

찬손 · 2

국모도 아니면서
타박없이 얽힌 고리 푸는 마음인데
눈길마저도 스쳐가지 않은 정
안과 밖의 한 몸도 테두리 안에서
각기 역할 분담하는데
異腹 그 二福이 오실리야
눈길 없는 눈길에서 속임 눈금잼도 아니면서
달래잎 끝에 메마른 이슬같은 정

수은등처럼

어둠의 성화에
점선 따라 하나 둘 피어나
웃는 야중화

밝아오는 여명에 조는 보안등
초를 다퉈 절절한 센서같이
내일 위해 오늘 꺼진 수은등

인공삶 누릴 수 없는 일상
소꿉살이, 원숙미, 단박에 의절하고
종이꽃에 앉아 절찬의 영면은 어머니의 피안

문주란

대지를 움켜쥘듯한 푸른 활개를 보고있노라면
젊었던 희망이 하늘거린듯 하다
모태 곁에 3년 있다 입주기념수로 내게 온지
십칠 년째다 이십년 생애 중에 꽃핀 오년과
싹 틔운 1, 2, 3 ,4년 걸쳐 열세 그루를 번식했다
분양하고 남은 일곱 그루 중 화분이 벅차 넓은 터에
옮기려고 화분이 따라올만큼 잡고 흔들어도
공기통에 탄탄히 뿌리를 휘감았는지 요지부동이다
일주일이 지나 윤기난 잎은 흔듬에 놀랐는지
노란빛으로 물들고 있는 잎세포를 달래고 있음이 보인다
무지한 행동에 무감각한 가슴을 꾸짖고있는
감각있는 식물 "미안, 미안해 아팠겠다"
"양 엄마! 미안은 쌀눈이잖아요
키워준 흙이 좋아 꼼짝 달싹 안했겠죠
괜찮습니다, 속잎 나면 한층은 클 겁니다"

그대 찬 손
-그 이름 잊으오리이까

노송은 설한통에 휩싸였어도
저 혼자 청청하다 아우성인데 백년 못산 나그네길
만년 봄인 줄 간직하다 늦가을 독목에 걸린 반달로
대롱이던가 광풍이 몰고 온 삭정에 밀려 뇌병동 서성이는 하절
불치가료란 학명 등에 지고 추임새 없는 홍타령 동무 삼아
따뜻한 곳으로 발걸음 하십니까?
짠물이 풀어논 갯내음 마중에도 안토집은 멀어
정든 출가번지 깊고 푸르렀던 날들 발굿은 심사에
촘촘히 달아논 추억의 멍울 매듭 풀고 나와
기쁨과 설움겨운 인도한상 차리네요
추억의 잔치상으로 배불리고 무심히 턱 고이러
가실 어머니! 내가 숨쉰 날까지 억장 무너진
가슴 복판에 분신처럼 살아있을 일 일런지요

■ 서봉교 시인편

부부 외 4편

좀처럼 샤워를 할 때 등을 밀어주지 않는 아내에게 새벽 잠꼬대로 "여보 등 좀 밀어줘"했더니 난데없이 척추가 아파 엎드려 웅크려 자고 있는 내 등을 벅벅 긁는 것이었다 살짝 실눈을 뜨고 덕석을 어미 소에게 씌워주는 주인 눈치를 보듯 살피는데 분명 아내는 눈을 감았으렸다 그러면서 시원한 등 뒤로 잠시 생각해본다 죽어 꺼부러지려고 해도 신랑은 있어야 하고 허깨비 같아도 마누라도 있어야 한다고 그 긴긴밤 등을 누가 긁어 줄 것이며 늙어서 새 따먹는 소리는 또 누가 받을 것이며 말 상대는 누가 될 것인가

짐짓 오늘 아침 밥상이 기대된다

법흥사 해우소에서

법흥사 둘러보고 가는 길
잠시 덜으러 해우소에 들렀더니
근심을 덜어내는 처사님들이 쭈뼛쭈뼛 서 있는데
갑자기
오른쪽 주머니에서 울려 퍼지는 핸드폰 소리
"摩訶般若波羅蜜多心經 마하반야바라밀다심경 觀自在菩薩 行深般若波羅密多時 照見五蘊皆空 度一切苦厄 舍利子 관자재보살 행심반야바라밀다시 조견오온개공 도일체고액 사리자 "
앉아서 덜던 처사도 서서 지퍼를 내리던 처사도
부엉이 눈을 하고 나를 쳐다보기는 마찬가지
도를 깨치고
경지에 오르고 싶은 마음이야 굳이 법당뿐이랴
그것이 법흥사 마당이든 해우소이든
깨치면 될 것을
"摩訶般若波羅蜜多心經 마하반야바라밀다심경 觀自在菩薩 行深般若波羅密多時 照見五蘊皆空 度一切苦厄 舍利子 관자재보살 행심반야바라밀다시 조견오온개공 도일체고액 사리자"

울어대는 벨 소리를 그대로 두고 돌아서면서
전화는 잠시 후 받으련다

북어

내가 한때는 오대양 육대주
태평양 시린 파도를 가르며
잘나가던 내 청춘의 운행을 잠시 멈춘 것은'
옆집 마실 가다가
주문진 어부 김 씨의 그물에 걸리면서였지
전라도 어느 염전에서 왔다는
그 짜가운 굵은 왕소금 세례에
아직까지 누구에게도 보여 주지 않은
은밀한 속까지 할복 당해
푹 쏟아 놓고
산판에서 힘쓰던 뼈만 남은 트럭에 실려 간
용평의 황태덕장
서정주시인은 나를 키운 것은 8할이 바람이었다고 했지만
나를 이 꼴로 만들어 가는 것은
순전히 태백산맥을 타고 넘어오던 그 거센 바람
눈 비 맞아 가며 고드름도 붙여가며
강원도의 기나긴 겨울을 나고 난 후
우리들은 하나 둘씩 자대 배치를 받는다

구이부대, 안주부대 해장국부대
난 운이 좋아 용케 예쁜 비닐 옷 곱게 차려 입고
어느 마트에 누웠더니
원주 아무개의 아내가 장바구니에 담더니
돼지머리랑 막걸리 몇 번 왔다 갔다 하더니
그 집 마님 승용차 트렁크에
명주실로 중요한 부위만 가리고
다시 매달려 있더라
날마다 소음도 시끄럽고 멀미도 나고
나
바다에서 나고 이렇게 여기서 마무리 하나보다
국거리로 팔려간 친구들을 부러워하며
주인댁 출근지로 향하는 불쌍한 내 신세야
차라리 엊저녁 과음한 사람들 해장국속에
청양 고춧가루로 샤워를 하고 싶은 날
그 날이 내가 부러워하는 날
작은 어느 여름 날
삐쩍마른 나의 건조한 푸념

共生 그리고 共生

원주시 단구동
어느 아파트 숲 사이 대로변 좌측은
주말이면 누가 말할 것도 없이 장이 선다
저녁 무렵 아들 데리고 마트 가는 길
세 마리에 만원하는 통닭 장작구이 차량과
3인분에 만원하는 삼겹살 장작구이 차량이 일렬로 섰는데
삼겹살 차량의 아줌마가 앞차량의 통닭을 뜯고 있다
내 생각에는 매일 보는 삼겹살이 지겨워
앞집의 통닭을 팔아주는 가 보다 했지
마트에서 장을 보고 지나 가는데
이번에는 삼겹살 아저씨랑 함께 닭을 뜯는 것이었다
아, 그렇구나 부부였구나
저녁 식사 값을 아끼려고 그 것으로 떼우는 것이었구나
그게 함께 사는 거지
그 들도 늦은 밤 집에 가면
서로 등을 두드리면서 나온 아랫배도 어루만지며
모자라고 남는 부분을 채우며 살겠지
인생, 뭐 있어
그지?

사슬치나그네

주천농협 하나로 마트에 전화벨이 울린다
"조합직원 양반 여그 사슬치여"
"네"
"소주 항 개 하구"
"네"
"아니 궤짝으로"
" 맥주도 항 개여"
"네"
"아니 궤짝으로"
"사홉들이는 시 개여"
"네"
"아니 궤짝으로"
"네"
"잠깐 지달려 바, 여 할멈 뭐 시킬 거야
음 다시다,맛소금,밀가루,겨란 한 판,두유도 한 박스 갖다
조 시방 올거지"
배달을 갔더니 노인은 보이지 않고
안노인이 낫자루만한 굵은 강아지 똥을 삽으로 치우면서

"이 눔의 첨지가 뒈지지도 않고 술만 맨날쳐먹어
술짝은 들지도 못하는 주제에 쯧쯧"
아무 대꾸도 않고
술짝을 내려 놓으니 안 주인은 누런 신사임당을 내어 주는데
처음 봤는데도 그 개는 나를 보더니
제 바깥주인모양 실실 웃는다
?
왜 웃지?
?

* 사슬치 : 강원도 영월군 주천면 용석3리 옛지명.

■ 서지영 시인편

그리움 외 3편

숲이 덥다
강렬한 햇살아래 그을려지는 여름
입추도 지나 처서가 내일 모레
어느 샌가 흘러가는 소리없는 시간
흔적 없는 젊음

숲이 숨 쉰다
파아란 하늘 위에 뭉실 대는 흰 구름
가을빛 역력한 추억속에
소리없이
그리고
흔적없이
그렇게
찾아드는 그리움

자화상

모든 걸 건다
나는 성공한 FP
이루려 애쓰고 이루어서
내 훗날의 초상화
슬픔은 없어야 하리라

블루오션
나는 블루오션
블루오션영업

거두리라 이루리라 반드시

일과 사랑
신이 내게 준 질투가
사랑을 이룰 수 없게 했다면
일로써
모든 걸
건다

단골집

어느날엔 좋아하는 냉면을 먹으러 단골집엘 갔다
물냉 하나하고 비빔하나왕만두랑
시끌 시끌
상이 모자랄 만큼 많은 이들이 북적이고

맛있게 차려진 냉면 앞에서 빠알간 비빔은 내 앞에
하얀 냉면은 그이 앞에
왕만두는 작은 접시에 덜어서 먹기 좋게 담아주던 그이

오늘
그 집엘 갔었고
난 똑같이 주문을 하고
빠알간 비빔을 한 젓가락 든다

내 앞에는 그 이가 아닌 다른 인연이 있는데
남편 있어주던 그 날의 회상으로 목이 메어
아무것도 삼키질 못하였다
그가 저 앞에 있었다면 물냉면 국물은 지영이가 후르륵거

리며
다 마셨을 텐데
그리곤
그 이에게
배 부르다고투정했을 텐데

오늘
그 냉면집에는
남편이 오지 않았는데도 무지 붐볐다
남편은
오늘, 여기 기억이나 할까

일행에게
여긴
아주 특별한 이와 오던 곳 이란다라고 하고

박하사탕을 볼에 넣고는
그에게보낸다
“여기냉면 맛은 그대로야”

편지

오빠
봄날에 솜사탕 같던 벚꽃나무
즐비하게 늘어진 그 밤길 너무
예뻤는데
표현이 안 돼
사람들이 많았고
노랫소리에 모두가 흥겹다고
꽃길
꽃 마음
전해지던 4월의 그 날이
있는데
있었는데

그만
못 썼네

■ 송희순 시인편

진달래의 하루 외 4편

신열이기엔 너무 붉고
불길이기엔 너무 차갑다

벗하기엔
내가 너무 초라하고

순수만이 피울 수 있는
순수만이 토해낼 수 있는 빛깔

허욕 벗어버리지 못한
속진으로 벗할 수 없음이다

저만치
한 마리 새가 울고 있다

산속 이야기

창문을 두드린다
산으로 오라한다
하루에 한번씩 내려오는 산그림자 함께하자 한다

능선 골짜기마다 내리시는 햇살을 빨며
두런두런 푸르게 옹기종기 보여 살고

별들이 뽀얗게 녹아서 흐르는 물소리일까
이슬이 모여서 흐르는 숨소리일까

아기를 안고 하얀 가슴을 열어 젖을 물리는 어머님의 품속
골짜기의 맑고 청아한 새소리는

산의 언어
산의 육성

산의 말씀 벗하고 산다
산의 육성 귀동냥하며 산다

미완성

가지 끝머리에 홀로 앉은 바람같은
생명의 빛깔
오색으로 채색돼 빈하늘로 파도친다

어둠을 안고 맴도는 떠돌이별
무엇을 찾으려고 오늘도 텅빈 하늘을 지키는가
실날같은 숨소리는 침묵의 밤으로 이어져간다

미완성된 음표
반주도 없이
주름진 오선지 위로
음을 찾아 헤매고 있다

소리에도 빛이 있다면

햇살바람 불어와 활개를 휘젓는 가지들
찾아온 길손 손사이로 휘 날려 보내고
그래도 기다려지는지 허황한 거리로 나가본다
소리없이 내 영혼 깨우는 소리
초원 위로 무언의 손길되어 쓸고간다
잿빛 그림자 머리에 이고 홀연히 사라져가는 뒷모습
재넘어 가는 걸음 어둠을 재촉하네

목화밭에서

잠에서 깨어나 하늘도 숨쉬고
반짝이며 깨어나는 연두빛 잎
고단한 삶에
창살마다 말끔히 햇살이 들어와 이불 속으로 안긴다
햇살과 바람은 누워버린다
소복 소복 아가의 젖살 오르듯 통통하게 살이 오른다
목화꽃 틀어서 지어주신
새아씨적 색동이불
전설어린 사랑의 꽃이어라
목화밭에서 꿈을 꾼다

■ 오석란 시인편

그 거리의 밤 외 5편

그 거리의 밤이
황혼의 세력을 업고
조금씩 조금씩 황혼처럼 물들며
내려오고 있었다

고층건물들은 어느새
숲을 이루었고
아침부터 밤까지
이 거리의 전역에서 펼쳐지는
젊음의 이합집산(離合集散)

마침내 득세한 잡식성의 어둠이
무차별 공격으로
가라앉은 천년의 호수
그 흑암의 빛깔
말똥말똥 말없이 눈을 뜨고
산처럼 버티어 서 있다

미이라가 되어가는 지구

인간들은 지구에 유약을 바르고
태양은 그 속을 빼고
몸을 쪄서 말리니
지구는 목하(目下) 미이라가 되는 중

정치음모

너무 자주 곰이 나타난다
이 대도시에까지
왕서방의 오른손에 높이 들려있던
가짜 곰이
왼손이 가지고 있는 카드는 무엇일까

두 대의 자전거

자전거 두 대가 벽에 기대어
비에 젖고 있다

노란 자전거는
검은 자전거에 기대어
피로에 지친 다리를 쉬고 있다

햇빛이 좋은 봄 어느 날
강변 도로에서 웃으며 달려오던 노란 자전거

강 건너 남쪽 나라로
다른 검은 자전거를 따라 떠난
노란 자전거

우리집 담벽에 기대어
땅에 듣는* 빗소리
가만히 듣고 서 있다

* 듣는 : 고어 "떨어지다"의 뜻.

개서방

리본달고 염색하고 옷은 물론
신까지 신으셨다
애견족 늘어나니
패션쇼에다 호텔까지
이러다가 그 호텔에
미리 투숙 예약 해야할까봐

10층 건물 화재

부부싸움 끝에 홧김에 방화하고
창졸지간에 너도 죽고 나도 죽으니
이성과 감성
어느 것이 더 중요한가

■ 이다경 시인편

바람꽃 외 2편

호시절, 따궁궁따궁따궁 장구의 구음으로
노세놀아 늙어 지면 못 노 나니
화무십일홍이요, 달도 차면 못 노 나니
손 바닥 장단과 궁굴채 놀림너름새로 분위기를 흐드러지게 했던
살흙같은 순백의 어머니가
지금, 바람을 물레질한 손수 짠 운무를 입고
멀미도 고소공포증도 폐쇄공포증도 없이
한 팔은 바람의 허리를 짚고
한 팔은 하늘에 나부끼는 긴 구름 흩날리며
진혼무를 흐드러지게 추고 있는 나빌레나
은빛실로 뜬 고요안에서 망백의 환한 웃음을 한
바람꽃 진혼이
그렁그렁한 눈시울 적시는 그리움의 산허리를 휘감는다

꽃눈개비

해미 짙게 묻은 ㅅ ㄹ ㅎ 이라는 바람에 찢겨 해거리든
정인의 하얀 거짓말이
뒤늦은 물수리 알음알이로 ㅁ ㅇ ㅎ 이라는
어리 연닮은 여리고 투명한 천수만의 안부가
깨알만한 자음의 리오라마로 가량없이 흩날리는
난분분한 꽃눈개비

배롱나무

몇 천 년을 태워도 재가 되지 못한 햇빛의 게송을 외며
초하의 산문 든 비구니승
매일매일을 흐트러짐없이 수행가풍인 계율따라
내리치는 태양의 죽비에 향기 없는 향을 피워놓고
당당하면서도 겸손한 듯 화려하면서도 소박한 듯한
붓다가피를 마음가득 충만하게 하면서 수행의 끈을 놓지 않고
아그데아그데한 일백일의 정진으로 부처를 그리워하는
선방객승으로 하안거 든 비구니들의 꽃숭어리
파양수자미화

■ 이소희 시인편

제주 4·3기행·1 외 4편

– 4·3의 꽃 동백꽃 피다

모진 비바람에
피어보지 못한 채
떨어진 꽃봉오리
송이마다 이름 없는
무덤으로 누워 잠들었다

빙점 꽃눈금 삼아
키워낸 어린 봄날
불로 피어난 십자가꽃
부활의 꽃으로 피어나는가

4·3의 꽃 동백꽃은
혼과 혼이 꽃잎 되어
聖花로 피었다

제주 4·3평화기행·2

- 목시물 굴

고난주간에
함께 걷는 평화의 길
4·3사태 피해 제주사람들이 피신했던
땅굴 속을 체험했다
입구는 멧돼지가 파놓은 굴처럼
우물에 들어가듯 발부터 내밀어
겨우 몸 하나 들이 밀수 있는 좁은 통로
걸리적거리는 소지품은 다 버려두고
몸만 빠져나가야했다
머리에 헬멧을 쓰고
오직 손에 쥔 것은 빛줄기 하나
모든 소유를 버려야했다
그때도 버릴 것 다 버리고
오직 한가지 생명만을 가지고 갔을
그 생명마져 빼앗아간
칠흙같은 어둠이 무덤으로 도사리고 있었다
어둠속에서도 그들이 쓰던 그릇 파편들은

그들의 잠들지 못한 생령이듯
아직도 숨을 쉬고 있었고
이승을 떠도는 원혼처럼
박쥐는 날카로운 바위를 걷어차며
비상할 날개를 세우고 있었다

제주 4·3기행·3

– 4·3의 꽃 동백꽃

모진 비바람에
피어보지 못한 채
떨어진 꽃봉오리
송이마다 이름 없는
무덤으로 누워 잠들었다

빙점 꽃눈금 삼아
키워낸 어린 봄날
불타는 십자가꽃
부활의 꽃으로 피어나는가

43의 꽃 동백꽃은
혼과 혼이 꽃잎 되어
聖花로 피어났다

오채지(五彩池)에서

중국 구채구의 한 골짜기
해발 4,000m에서 비틀거리며
5km쯤 걸어 내려갔다
논다랭이 같은 늪의 허리를 안고
시계바늘로 한 바퀴 돌아서니
바둑판처럼 들어선 호수가 있다

비취알, 옥구슬이
철철 넘치고 있는 곳
누가 이 보물을 굴려 보내고 있을까
높은 산맥을 타고
수 억 년 뼈를 녹인 광물질이
오솔오솔 모여 반짝이는 곳
태고의 고난은 사라지고
환희가 생글생글 웃고 있었다

사람도 수 억 년 원시로 살다보면
저토록 아름다운 빛깔을 낼 수 있을까

오화해(五花海)의 비밀

한 호수에서 여러 가지 물빛이
뿜어나오고 있었다
발밑에서부터 차례로
노랑 연두 초록 파랑 쪽빛으로
번져나가는 무지개였다
하늘에서 내려온 무지개가
아예 돌아가지 않을건지
가슴을 풀어헤치고
첨벙첨벙 햇빛과 놀고 있었다
산 그림자도 물러선 자리
오색 물꽃잎과 물꽃잎끼리
부딪히며 뒹굴면서 사는 곳
고산병도 고개를 숙였다

오화해의 물꽃들이
어울려 하나로 살면서도
서로가 존중하며 평생
자존심을 지킬 수 있는 비밀은 무엇일까

중국 구채구에 의문부 하나를 찍어
남기고 돌아섰다

■ 임유행 시인편

영월 요선정 외 4편

아무도 없다, 모두들 어디 갔나
백포를 깔아 놓고
술 마시던 주천강 요선암
절벽 위로 내려다보는 마애불이 거슬려
한 불은 바윗돌에 꽁꽁 묶어 놓고
두 불은 바위 속에 숨겨 놓았겠다
눈 밝은 사람만 찾아내는 숨은 마애불
도원리 거쳐 오는 주천강 해돋이가
눈부시다 하늘 무대에 초대받은

첩첩 산 영월 땅에 다소곳 숨어있어
아는 사람만 아는 야트막한 정자 하나
바윗돌 마애불을 닮아
눈 밝은 사람들만 찾아내는 요선정은
품 속에 숨겨두고
꺼내보는 재미 쏠쏠한 빛바랜 사진 같은
손길 발길에 닳지 않아 아직도

때 묻지 않은 무릉리의 아침이
복숭아 빛으로 절벽 아래
떠 있다

주천강 섶다리

어느 잔칫집 차일만큼
이산 저산에 동그랗게 하늘이 걸쳐 있다
첩첩산중 영월에
백 년 전 세월이 걸리고 누가
시집 장가 가시는지 섶다리가 놓여졌다
주천강, 술 강물 위로 사람들은 취하고
들뜨고 꿈꾸며 다리를 건넌다
생솔가지 얼기설기 날개를 달아 날아갈 듯
낮게 떠 있는
황토 분을 발라서 촌스러운 얼굴은
짚신 발처럼 친숙하다

나지막이 엎드려 몇 백 년
허물어지면 다시 놓고
뚜벅뚜벅, 시간이 황소를 타고
건던 시절로 돌아간
백 년 전의 잔치에 초대받은
주천강 섶다리에서

땅과 하늘과 냇물과 하나되어
우리는
세상의 주인이 된다

착한 인형

우리는 포대기에 싸인 인형입니다
포개기는 미국의 성조기입니다
자 착하지, 이쪽을 봐요
우리는 아메리카와 같은 쪽을 봐야 합니다
미국이 있다하면 있는 거고, 없다하면 없는 것입니다
당근과 채찍이 늘 기다리고 있습니다
인공위성인지 미사일인지 그쪽 눈으로 봐야 합니다
우리는 미국의 레이더 안에서 모범생
제 살을 찢어가며 PSI도 가입했구요

오바마와 마주보며 웃는 사진 한 장이면
세상을 다 속일 수 있습니다
오바마의 활짝 웃는 웃음이 어디를 향해 있는지
알지 못합니다 핵우산 쓸 사람 여기 붙어라
편 가르기 놀이를 하고 있군요
모두가 강자 편에 붙어야 살지요

우리는 미국의 꼬리가 아니다

겁도 없이 방귀를 뀌어대는 북쪽
소꼬리보다는 닭의 벼슬이 될 거래요
가당이나 한 일입니까, 닭의 숨통은 미국이 쥐고 있어
후유, 제 살이 떨어져 나간 줄도 모르고
자기만 살았다고 거들먹대는
우리는 미국의 착한 로봇인형입니다
질서는 늘 강자 편이지요

도라지 사랑

나의 도라지꽃은
가파른 절벽 낙낙 장송 뒤
바윗돌 틈에 피어있다
나는
나의 도라지를 부서지지 않게
잔뿌리도 상하지 않게 캐내야 한다
그것은 지상의 약속이다
언제부터인가
꿈속에선가, 전생에서인가

나는 도라지를 사랑했고
일편단심 쳐다봤고
그를 향해 가고 있다 보이는 건 오직
도라지꽃 뿐이다
도라지꽃들이 웃고 있다
동서남북에서

도라지를 캐러간다 나는

어디서인가 내게 주어진
전생의 약속을 지키기 위해

폐허에서

무너진 성터 묵은 폐허 위에
수렁처럼 깊고 깊은 미련을 두고
나는 차마 떠날 수가 없다
마지막 한 사람도 호랑나비 한 마리도
이미 없는 곳
시시각각 조여드는 짜른 생애에서
이미 공친 시간들을 아쉬워하며
한 뼘씩 무너져 가는 성을 보며
절망하며 모두가 떠나갔다
칼자루를 잡지 않은 나를 원망하며

내가 갈고 닦은 건
녹슨 칼이 아니고 허공에 날아다니는
헛된 잠꼬대들이다 나는 꿈을 꾸는가 보다
나는 잡초를 사랑해서 나의 성은 쑥대밭이 되고
나는 패장이 되었다
배고픔에 손과 발이 떨어져 나가기 전에
칼을 들어 피를 보느니

차라리 꿈으로 남아서 피리를 불까
눈을 들어 하나 둘
팔 다리가 떠나는 것을 보느니
차라리 눈을 감고
심장이 터지는 소리를 들을까
보이지 않는 한줄기 소망으로 남아서
나의 성을 지킬까

■ 정광진 시인편

삶의 지혜 외 2편

궁하니 통한다
쉬어져 버린 만큼 빨갛고 손쉽게

궁하니 떨어진다
평생 동안 주렁주렁 달아온 훈장의 열매가 힘없이

궁하니 혼란스럽다
생각한 만큼보다 조금 더

궁하니 아프다
낙하한 무게와 속도를 비례한 만큼

허나,
정말 궁하니 궁하지 않다

비의 외로움

비를 맞으며 술을 뿌린다
뿌린 잔은 비만큼 흠뻑 젖어 덜 깬 가슴을 적신다

촉촉하게 적셔진 비는 마냥 즐겁다
오가는 비와 동행한 나그네는 또 한번 술에 흠뻑 적신다
방황하는 비는

오랜만에 발걸음이 가볍다 그녀
비에 젖은 숨이 깨어있기 때문이다
해와 달이 그러하듯 비와 나는 언제나 함께 있었다

그리움의 달무리는 오늘밤 촉촉하게 젖은 한잔의 술을 뿌려 달라한다
한줄기 비와는 그렇게 사랑이 시작되었다
그대 가슴에 사랑과 영혼을 남은 비를 안은 채 무덤덤하게 걸으면서

귀뚜라미의 사랑이야기

촌각을 다투는 찰라를 탱고음악 정도로 즐기며 밤낮없이 한 박자도 놓치지 않고 절규하는 그 과정을 고집하는 것은 그 열정적 사랑의 댓가이렷다

아니 S라인의 몸매과 자태의 오만을 벗어 던지는 순수한 사랑

혹시 이제나 그제나 사랑싸움 이쯤하고 끝내겠지 하고 기다리다 또 꼬박 밤을 지샜다

세찬 비바람이 내리는 새벽에도 속절없고 염치없이 연신 사랑의 노래를 한다

들을 수 없는 사랑의 맹세를 거절 말라가는 목소리를 새벽이슬에 머금느라 마지막 남은 심정을 터뜨려 울부짖는 사랑

올 가을 나도 그런 사랑을 해보고 싶다

나는 유독 하얀 머리카락을 검게 하고픈 가을 문턱에서만 열병을 돋게 한다

■ 정재은 시인편

이효석 문화재 외 5편

강원도 평창군 봉편면 효석 문화재 기행
소설처럼 아름다운 메밀꽃밭
흐드러지게 피워 놓은 자연의 선물
보기만해도 숨이 차 오를 듯
문학적 감동에 젖은 마음이다
하얀 소금을 뿌린 듯 지친 꽃들 웃음소리
허생원과 성처녀가 잠시
인연을 맺었던 사랑의 장소로
물레방앗간 돌고 있는 정감어린 곳이다
가산공원 이효석 흉상과
그의 문학세계를 알리고 있는 곳
메밀꽃은 어머니 마음 같이
아름다운 송이 송이 정이 맺힌 봉우리들
어머니 꿈과 효석 축제 아른거린다

주문진 항구

주문진 항구는 싱싱 잡아 올린 어물들
얼룩덜룩 흉상스런 문어 한 마리가 값은 그래
옛날에 그렇게 저렇게 흥정하며 팔았는데
문어도 제법 큰 놈은 한 마리에는 십오만원 가고
그 다음 칠팔만원 사오만원이면
어민들 마음 모르는 것은 아니다
목숨 걸고 떠나는 사람들 심정 모르는 것은 알지만
적당선에서 서로 서로 양보하고 사는 것
오늘 사람들 양심이다
싱싱하고 좋은 생선 많이 사다 드세요

늦여름 주말여행

길가다 잠깐 들른 그 길은 담양 순창 가는 길
길가는 시골장처럼 사기도 팔기도
시골인심 이색적인 가로수들
옆마을은 학동리 마을이라고 하며
가로수 이름은(메타세쿼이아) 처음 듣는 이름
어느 아저씨는 옥수수 오이 몇 개씩 담은 망태기
어린 호박 몇 덩어리 중에서 제일 예쁜 놈
한 덩어리 시골 인심으로 돈도 안받는다고
이 물건들은 집에 가지고 가서 식구끼리
잘 먹겠다 하였다
아직도 우리 시골 인심 살아남은 것이다
내 가슴에도 호박 한덩어리 예쁘게
간직하고 아저씨 고맙습니다

지리산을 찾아갔다

지리산 뱀사골이라는데 몇 년을 두고
찾아가고 싶으면 가는 곳인데
조금 변화가 있더니 깊은 그 산골도 이제는
멋진 보건소도 들어오고 매년 갈때마다 달라지는게 그렇다
산속 말고도 보건소도 없는데가 많은데
이제는 깊은 산중까지 도시가 부럽잖듯이 그냥 발전되고 있다
숙박업소를 많이 만들어 놓고 민박으로
편히 살겠다는 의구심 들어
아무리 깊은 산속 그저 그렇게 발전되고
이제는 어디 깊은 곳이 없다는 것 사실이다

용문산 기행 중원 폭포 가는 길

중원산로 폭포가 있다고 올라가는데
점심 먹고 나니 체력이 딱 떨어지는 것이다
막내딸은 화가 조금 나는 것 같은데
내 체력을 알기 때문에 같이 간 식구들에게
조금 미안했지만 나는 그 용문산 속에서
한편의 글을 쓰고 내 고집도 내가 힘들면
안하는 A형 피를 갖고 살기 때문에
누구 고집을 말할 수가 없다는 것을 잘 안다
나이 먹고 보니 누구 말도 섭섭지 않다
산새 좋은 곳에서 시 한편 쓰는 것도
쉬운 일이 아닌 것 같다
오늘 같은 날 다시 오지도 안할뿐더러
가는 시간은 황금시계 바늘촉이다

여름 어느날

큰 누나를 이별한지도 벌써 사무제
세월은 이별을 먹는다
세상에 올 때는 기쁨의 옷 한 벌 사랑으로
얻어 입고 이별로 떠날 때 슬픔의 그림자
옷자락을 눈물로 적신다
사람마다 넓은 마음으로 자기의 인생관을
뒤돌아 보며 깊은 터널 앞에 가을 낙엽되어
무릎 꿇은 자식들을 뒤로 하고 한마디 말도
없이 쓸쓸이 돌아가는 뒷모습을 본다
천사 같은 큰 시누이 아름다운 마음
옷자락 흘려 놓고 떠나셨다

■ 최연숙 시인편

가을을 흔드는 여인 외 3편

고향이 떠오르지 않을 때는
한적한 오솔길을 찾는다
가냘픈 목과 긴 허리
기댈 수 있는 어깨를 내어준다

허공에 꽃잎무덤
떠나간 혼들이 일어나
한판 굿을 벌이는 무녀
바람과 호흡 맞추었다

희미한 달빛 아래
무늬를 지우고
중심을 잡으려고 안간힘을 쓰지만
흔들리는 몸짓에 돛을 달아 올린다

구경하던 무리들 점점 채색되어
서리 길 하나 둘 떠나가고

훗날 마른 꽃잎 한 장으로 기억될 웃음이
구월을 흔들고 있다

구름이 흘러가는 까닭

흘러가는 것은 아름답다

날아오르지 못한 꿈이
가슴앓이를 하기 때문이다

세월에 떠밀려 온 섬
밤이 펼쳐 놓았나
흐르는 구름 위 잔 띄어 놓고

축배를 들자던 약속이
강물 소리로 씻겨
하늘에 두둥실 떠올라

꽃 새 나비
무엇이든 되어
너에게 흐르고 싶기 때문이다

봄, 삼청동 길

아침저녁으로 넘나드는 길
사월 삼청터널
이 길은 지금 여학교 교정이다
외로움과 어둠을 노래하던
방황의 날들이 한줄기 비에 씻기어
뜨거운 숨결로 꿈틀거린다
나뭇가지에 수많은 새들 햇빛을 쪼아
노랑 분홍 하얗게
화사한 웃음들이 조회를 하고 있다
가시나들 온갖 조잘거림이 초병 어깨에 내려 앉아
위문편지 꽃잎으로 흩날린다
졸졸 흐르라는 가르침
알 수 없는 물음표만 던질 뿐
라일락 향기 배어있는 별들의 이야기
곳곳에 쌓여
황사에 호흡기 막혀도
꽃궁전은 지어지고
수다스런 봄은 깔깔 웃는다

꽃불

부스러진 조각 짜 맞추는 시간
봄은 물러갔다
하얀 손수건이나 흔드는
옛날이고 싶지 않다

간간히 불어오는 바람에
불땀이 되살아나
온 골목길을 다 태우고도
어쩌자고 저리 붉은 뜨거움인지

하얀 재로 칠팔월을 지낸 샐비어
향기마저 남김없이 사르고
내려앉지 못한 나비의 날갯짓에
꽃잎의 울음이 번져온다

■ 추영주 시인편

함박눈 외 2편

나무와 나무 사이
가지와 가지 사이가
휑하니 비어있다
비어있는 스산함이라도
메우려는 듯
빗금을 그며 한사코
함박눈이 내린다

반세기도
훨씬 더 지났는데
이제는 잊었는 줄 알았는데
정말 잊고 살았다고 생각했는데
펌프질로 품어내는 심장의 피로
아버지 얼굴이 선명하게 범벅진다

찔레꽃

족보에
붉은 혈통은 없어
순백의 단일종 뿐이야
그것도
독한 가시가
핏기 가신 야성의 얼굴
이조백자의 싸늘함 속에
옛분들의 불의 혼이 살아있듯
피보다 붉은 사랑으로 꽃잎한
찔레
찔레

가을의 내장사

단풍잎 불경 머리위에 높이 이고
업경대 내 업 비추듯
그렇게 늦가을 속으로 들어가고 있습니다
감나무 가지마다
조막손 쥐었다 폈다 내 어깨 주무르고
목을 간질이는 물결 속으로 찾아간 곳
지옥 속에 가두어 두었던 어지러운 생각들
극락전에 내려놓고
절 마당에선 개미 한 마리 밟을세라
조심스러워진다

돌아오는 길
행여 염라대왕께
단풍잎 붉은 낙관 하나 잘 부탁하고
산문을 내려온다

■ 황인숙 시인편

스키장 외 6편

재즈코스 스키장
아들이
눈 바람을 가르며
춤을 추듯 하늘을 난다

눈 사태로 몰려온
바람의 따귀질에
아비의 코피가 터져
설원에 꽃밭을 만들고
아들은 비상하듯
꽃밭을 날은다

아비의
멎을 줄 모르는 코피
아랑곳 하지 않고
춤을 추듯 마냥 손을 흔드는 아비

오!
아비와 아들을
보살피소서

봄향

양지쪽
잔설 녹은 물로 목 축이고 자란 냉이
갈퀴손으로 캐어낸 봄

살짝 데친
연초록 잎에 감췄다 드러낸
뽀얀 하얀 속살 눈이 부시다

양념으로 맛내기도 전
꼴깍거리는 입질에 몰려
알몸인 채 입안으로 쏙 들어온다

맴도는 냉이만의 향긋함
그 조잘거리는 병아리 모이 찾는 소리를
입안 가득 깨물며

봄 노래를 흥얼 그려본다

등대불

물 안개 속을
떠도는
도깨비 불

불 따라
가다보면 저쪽에서 번쩍
저쪽으로 가다보면
이쪽에서 반짝

표류하는
뗏목 위에 몸 실은 나
반짝 반짝 도깨비불 좇아
노젓고 있다

밤바다

한사코 혓바닥으로 핥아대는
입질로
꿀꺽 낙일을 삼켜버린다

가시라도 돋혔던 것일까
가시에 질려 복부라도 터진 것일까
바다는 금새
피를 토해낸다

복면을 뒤집어 쓴 어둠이
드라큘라의 혓바닥을 내밀고
피를 핥는다

바다는 서서히
어둠 속으로 침잠한다

할머니와 손녀

거울 앞에 서니
아주아주 오래전에 떠나신
할머니가 거기에 서 계신다

이마에 주름을 만지며
이거 왜 그래 아파
신기한 듯 쓰다듬어
아장바장거리며 묻던 앙징스런 손녀
긴 세월 먹을 것 못 먹을 것
아주 많이 먹어서 생긴 것이란다
할머니 혼자
몰래 몰래 먹어서 그런거구나

오늘 문득 그 생각이 나서
웃지도 울지도 못하고
거울 앞에 선다
텐더프리미엄 쿠키를 먹는데도
자꾸 눈물이 난다

무책임

자신의 일은 타인에게 겸손하게 맡기고
타인의 일은 자신의 일처럼 치열한 전투의 흉내를 내고

그것도 부족해 자신의 일을 어디에서 들은 양 전달하듯 쉽게 처리하고
타인의 일은 자신의 신체나 영혼의 일부처럼 고귀하거나 존귀하게
아니면 고상하게 상전으로 모시더라.

자신의 일은 자신의 눈높이로
세상 일은 세상의 눈으로 보면 되는데

이탓 저탓 니탓 하는 깊은 뜻을 어찌 내가 알겠냐만은 뒷모습은 참 아쉽다.
굳이 자신의 일마저도 못하면서 세상일은 자신의 일처럼 여기는듯 세상의 일처럼 여기듯 갈팡질팡하는 모습.

자신의 일이나 제대로 하지 참 웃기네. 참으로 거시기하게 씁쓸하네.

아들 사랑

그리 오래되지 않은 싱싱한 그림 한폭을 찾아냈다.

그림 위로 세월도 그림자도 붉은 액체도 꿈과 희망도 부모와 형제도 여과 없이 다시 그려낸다.

젊음의 심장과 이글거림으로 충혈된 토끼눈을 보면서 끝내 세월이 역류되어 온 만큼 축적된 퇴적분은 여과 없이 시원치 않게 토해내고 만다.

허나 그 유산물은 고스란히 내 손으로 다시 돌아와 쥐어져 펼치지도 못하고 더 세게 쥐고 있다.

동해나 서해바다 아니 한강도 아닌 좁은 마음의 강 어귀에서 벗어나지 못하고 서성이며 물가를 아들의 아들이 보면서 이 그림에 과연 어떤 이름을 붙여서 각색할까?

예쁜

오늘 자식 잘 둔 덕에 아주 미리서 손자 놈을 보았다.

■ 수록회원 주소록

기세원 560-850 전주시 완산구 효자동1가 효자주공ⓐ 104-405
☞ 011-677-6482

김정회 143-874 서울 광진구 자양2동 680-68 세명화학
☎ 019-215-6366

김화자 463-060 경기도 성남시 분당구 이매동 122 금강ⓐ104-204
☞ 011-9161-0650

서봉교 230-854 강원도 영월군 주천면 주천리 1241
☎ 037-372-8540

서지영 390-012 충북 제천시 중앙로2가 장원빌딩7층 대한생명 모산브렌치
☞ 010-9218-2875

송희순 415-751 경기 김포시 풍무동 당곡마을 범양그린힐 107-101호
☞ 010-6385-3907

오석란 140-210 서울시 용산구 한남동 568-185
☞ 016-716-2532

이다경 465-010 경기 하남시 덕풍동 695 벽산블루밍ⓐ107-1406
☞ 011-9061-0429

이소희 156-050 서울시 동작구 노량진동 215-147
☞ 017-256-1819

임유행 130-851 서울시 동대문구 전농2동 127-75 401호
☎ 02-2212-9252

정광진 121-132 서울시 서대문구 북가좌2동 80-184
☞ 016-2410-6717

정순자 445-874 경기도 화성시 송산면 봉가2리 462-1
☎ 02-802-7455 ☞ 011-9988-7450

정재은 130-070 서울시 성동구 행당동 31-14
☎ 02-2293-1174 ☞ 011-9764-8350
최연숙 422-708 경기 부천시 소사구 소사본3동 풍림ⓐ 107-1105호
☞ 010-3078-2946
추영주 120-110 서울시 서대문구 연희동 168 삼성빌라 4-304
☞ 010-5566-1684
황인숙 110-848 서울 종로구 평창동 526-12 힐하우스 A동 1층
☞ 010-9209-2920

•

형상21 제12집

•

2010년 11월 25일 인쇄
2010년 11월 30일 발행

지은이 / 형상21시문학회
발행인 / 박진환
펴낸곳 / 조선문학사
등록번호 / 1-2733
주소 · 110-092 서울 서대문구 홍제2동 96-4
대표전화 / 730-2255
팩스 / 723-9373

ISBN 89-91811-45-9

정가 8,000원